Das magische Baumhaus junior

Mary Pope Osborne

Die rätselhafte Mumie

Bisher erschienen:

Band 1: Abenteuer bei den Dinosauriern
Band 2: Auf der Spur der Ritter
Band 3: Die rätselhafte Mumie
Band 4: Suche nach dem Piratenschatz
Band 5: Das Geheimnis der Ninjas
Band 6: Verborgen im Dschungel
Band 7: Gefahr für das Mammut
Band 8: Die verlassene Mondstation
Band 9: Das Geheimnis der Delfine
Band 10: Ritt durch den Wilden Westen
Band 11: Im Reich der Löwen
Band 12: Rettung für die kleinen Eisbären
Band 13: Der große Vulkanausbruch
Band 14: Gefahr im Drachenreich
Band 15: Abenteuer bei den Wikingern
Band 16: Auf dem Pfad der Indianer
Band 17: Auf der Spur des Tigers
Band 18: Kleines Känguru in Gefahr
Band 19: Das Geheimnis von Olympia
Band 20: SOS auf der Titanic
Band 21: Rettung vor dem Wirbelsturm
Band 22: Flucht vor dem Erdbeben
Band 23: Lampenfieber vor dem großen Auftritt
Band 24: Gorilla-Baby in Not
Band 25: Bedrohung im Paradies
Band 26: König Artus und die Mission der Ritter
Band 27: Geheimauftrag im Spukschloss
Band 28: Das geheimnisvolle Zauberschwert
Band 29: Im Reich des Eiszauberers
Band 30: Der Herrscher der Meere
Band 31: Der verborgene Wüstenschatz
Band 32: Geheimtreffen auf dem Eiffelturm
Band 33: Auf den Spuren des verzauberten Einhorns
Band 34: Drachenabenteuer bei den Samurai
Band 35: Leonardos Traum vom Fliegen
Band 36: Suche nach dem Seeungeheuer
Band 37: Reise zu den Pinguinen
Band 38: Das Geheimnis der Elfen
Band 39: Der Angriff der Königskobra
Band 40: Lawinenhunde im Einsatz
Band 41: Rettung für die Panda-Babys
Band 42: Das rätselhafte schwarze Pferd

Mary Pope Osborne

Das magische Baumhaus junior

Die rätselhafte Mumie

Aus dem Amerikanischen
übersetzt von Sabine Rahn
Illustriert von Jutta Knipping

Band 3

Loewe

ISBN 978-3-7855-8281-7
Überarbeitete Neuausgabe des Titels *Das Geheimnis der Mumie*
5. Auflage 2025

Aus dem Amerikanischen übersetzt von Sabine Rahn
Umschlag- und Innenillustrationen: Jutta Knipping
Umschlaggestaltung: Franziska Trotzer

Druck und Bindung: Drukarnia Interak Sp. z o.o.,
Grzępy 50, 64-700 Czarnków, POLEN
produktsicherheit@loewe-verlag.de

www.dasmagischebaumhaus.de
www.loewe-verlag.de

Inhalt

Miau!

„Es ist noch da!“, sagte Philipp.

„Es sieht aber leer aus“, fand Anne.

Philipp und seine kleine Schwester blickten hinauf in die Krone einer mächtigen Eiche. Hoch oben im Baum war ein Baumhaus.

Die Sonne schien durch die Blätter. Es war bald Zeit zum Mittagessen.

„Psst!“, machte Philipp plötzlich. „Was war das eben für ein Geräusch?“

„Welches Geräusch?“

„Es klang so, als ob jemand hustet“, sagte Philipp.

„Ich habe nichts gehört“, sagte Anne. „Komm schon, lass uns hochklettern!“ Sie

ergriff die Strickleiter und kletterte nach oben.

„Das Baumhaus sieht noch genauso aus wie gestern!“, rief Anne von oben.

Philipp hatte immer noch das Gefühl, dass jemand in der Nähe war. Vielleicht derjenige, der all die Bücher in das Baumhaus gelegt hatte? War es die Person, deren Name mit dem geheimnisvollen M begann? Vielleicht wollte „M“ sein Goldmedaillon zurück, das Philipp bei dem Dinosaurier-Abenteuer gefunden hatte. Oder vielleicht das lederne Lesezeichen aus dem Ritter-Buch?

Auf dem Medaillon war ein M und auf dem Lesezeichen auch. Was es wohl bedeutete?

„Morgen bringe ich alles wieder zurück“, versprach Philipp laut.

Ein leichter Wind kam auf und bewegte sanft die Blätter der Bäume.

„Philipp! Komm doch!“, rief Anne.

Philipp ergriff die Strickleiter und kletterte hoch. Oben angelangt, krabbelte er durch die Öffnung in dem hölzernen Fußboden. Er setzte seinen Rucksack ab.

„Hmm!“, machte Anne. „Welches Buch ist heute dran?“

Sie betrachtete die Bücher, die auf dem Boden des Baumhauses verstreut lagen. Dann flüsterte sie begeistert: „Sieh dir das an!“ Sie griff nach einem Band über das alte Ägypten.

„Toll!“, sagte Philipp und nahm ihr das Buch aus den Händen.

Ein grünes Lesezeichen aus Seide steckte darin.

Philipp schlug die Seite mit dem Lesezeichen auf. Dort war eine Pyramide abgebildet. Eine lange Prozession bewegte sich auf die Pyramide zu. Vier riesige Ochsen mit Hörnern zogen eine Art Schlitten. Und auf dem Schlitten lag eine lange goldene Kiste. Viele Ägypter gingen hinter dem Schlitten her. Am Ende des Zuges lief eine schlanke schwarze Katze.

„Lass uns dorthin reisen“, flüsterte Anne.

„Warte mal“, sagte Philipp. Er wollte sich das Bild noch etwas genauer anschauen.

„Du findest Pyramiden doch toll!“, sagte Anne.

Das stimmte. Pyramiden standen ganz oben auf der Liste seiner Lieblingssachen – sie kamen nach den Rittern, aber noch vor den Dinosauriern. Ein ganzes Stück vor den Dinosauriern!

Bei Pyramiden musste man zumindest nicht fürchten, aufgefressen zu werden.

„Na gut“, sagte er. „Aber nimm du das Buch über Pennsylvania, falls wir schnell hierher zurückkommen wollen!“

Anne suchte das Buch mit dem Bild ihrer Heimatstadt darin: Pepper Hill in Pennsylvania. Dann deutete Philipp auf das Bild mit der Pyramide in dem Ägypten-Buch. Er räusperte sich und sagte: „Ich wünsche mir, dass wir dorthin reisen könnten.“

„Es geht los!“, schrie Anne.

Der Wind wehte heftiger und die Blätter rauschten lauter.

Philipp schloss die Augen, als das Baumhaus anfing, sich zu drehen. Es drehte sich schneller und immer schneller.

Plötzlich war alles wieder still. Totenstill! Nicht ein einziges Geräusch war zu hören. Nicht einmal ein Flüstern.

Echte Mumien!

Philipp öffnete die Augen. In dem heißen, hellen Sonnenlicht konnte er fast nichts sehen. Die Geschwister blickten aus dem Fenster. Das Baumhaus war auf einer Palme gelandet. Um sie herum standen noch ein paar andere Palmen. Ein grüner Fleck, der von sandiger Wüste umgeben war.

„Miau!“

Philipp und Anne sahen nach unten. Eine schwarze Katze saß am Fuß der Palme und starrte mit ihren gelben Augen zu ihnen herauf. Das war die seltsamste Katze, die Philipp je gesehen hatte. Sie hatte dunkles Fell und leuchtende gelbe Augen. Um den Hals trug sie ein breites goldenes Halsband.

„Es ist die Katze aus dem Ägypten-Buch", flüsterte Anne.

„Hallo, du", rief sie zu ihr hinunter.

„Psst!", machte Philipp. „Sonst hört dich noch jemand!"

„Mitten in der Wüste?", spottete Anne.

Die schwarze Katze stand auf und lief um die Palme herum.

„He, komm zurück!", rief Anne. Sie lehnte sich aus dem Fenster, um zu sehen, wohin die Katze ging.

„Oh“, sagte sie, „sieh doch, Philipp!“

Philipp beugte sich vor und blickte hinunter. Die Katze rannte von den Palmen weg auf eine riesige Pyramide zu, die mitten in der Wüste stand. Und auf die Pyramide bewegte sich eine Prozession zu – es war die gleiche Prozession wie in dem Ägypten-Buch.

„Was tun diese Leute da?“, fragte Anne.

Philipp sah in das Buch und las die Erklärung unter dem Bild:

Wenn ein König oder eine Königin starb, fand eine große Beerdigungsprozession statt. Die Familie, die Diener und die Trauernden folgten dem Sarg. Den Sarg nannte man Sarkophag.

„Das ist eine ägyptische Beerdigung!“, sagte Philipp. „Und die Kiste nennt man Sarko…, Sakro… Ach, ist ja nicht so wichtig!“

Er sah wieder aus dem Fenster. „Ich mache mir besser mal ein paar Notizen darüber“, bemerkte Philipp.

Er griff in seinen Rucksack und holte sein Notizbuch heraus. Philipp machte sich immer Notizen. Er schrieb:

Sarg heißt Sarkophag

„Wir sollten uns besser beeilen“, sagte Anne, „wenn wir die Mumie noch sehen wollen.“

„Die Mumie?“, fragte Philipp.

„In der goldenen Kiste liegt bestimmt eine Mumie drin“, sagte Anne. „Wir sind im alten Ägypten. Schon vergessen?“

Philipp stand total auf Mumien.

Er schob sein Notizbuch, den Stift und das Ägypten-Buch in seinen Rucksack. Dann kletterten die Geschwister die Leiter hinunter und liefen los, durch den Sand.

Aber während sie rannten, passierte etwas Seltsames.

Je näher sie der Prozession kamen, desto schlechter konnten sie sie erkennen. Dann war sie plötzlich nicht mehr da. Sie war verschwunden, einfach weg.

Aber die große steinerne Pyramide stand noch da und erhob sich mächtig vor ihnen.

Philipp sah sich um. Was war geschehen? Wo waren all die Leute? Die Ochsen? Die goldene Kiste? Die Katze?

„Sie sind einfach weg“, sagte Anne. „Vielleicht waren es ja nur Geister?“, überlegte sie.

„Unsinn. Es gibt keine Geister“, sagte Philipp. „Ich glaube, es war eine Fata Morgana.“

„Eine was?“, fragte Anne.

„Eine Fata Morgana. So etwas gibt es in der Wüste dauernd“, behauptete Philipp. „Es sieht aus, als wäre da irgendetwas. Aber dann ist es doch nur die Sonne, die etwas in der Hitze gespiegelt hat.“

„Wie soll denn das Sonnenlicht wie eine Menge Leute, eine Mumien-Kiste und ein paar Kühe aussehen können?“, fragte Anne. „Schau mal!“ Sie deutete auf die Pyramide. An ihrem Sockel sahen sie die geschmeidige schwarze Katze.

„Die ist keine Fata Morgana“, sagte Anne.

Die Katze schlich sich davon. Sie ging am Sockel der Pyramide entlang und verschwand um eine Ecke.

„Wo geht sie hin?“, fragte Philipp.

„Lass uns nachschauen!“, schlug Anne vor. Sie rannte um die Ecke und sah, wie die Katze in einer Öffnung der Pyramide verschwand.

Sie lebt!

Die beiden Geschwister spähten durch die Öffnung.

Sie erblickten einen langen Gang, der von brennenden Fackeln an den Wänden erleuchtet wurde. Dunkle Schatten lauerten drohend.

„Komm, gehen wir rein“, schlug Anne vor.

„Moment noch“, sagte Philipp.

Er nahm das Ägypten-Buch heraus und blätterte zu dem Kapitel über Pyramiden. Dann las er laut vor:

Man nannte Pyramiden auch „Häuser der Toten“. Sie waren fast ganz aus massivem Stein gebaut, bis auf die Totenkammer tief im Inneren.

„Klingt spannend. Lass uns reingehen. Zu der Totenkammer“, sagte Anne. „Ich wette, die Mumie ist dort!“

Philipp holte tief Luft. Dann trat er aus dem heißen, hellen Sonnenlicht in die kühle, dunkle Pyramide.

In dem Gang war es ganz still. Boden, Decke, Wände – alles war aus Stein.

Wo war die Katze geblieben?

„Wir müssen weiter nach drinnen gehen!“, sagte Anne.

„Warte mal“, sagte Philipp. „Ich will etwas nachschauen.“

Er schlug das Ägypten-Buch noch einmal auf und hielt es unter eine der Fackeln an der Wand. Die aufgeschlagene Seite zeigte ein Bild vom Inneren der Pyramide.

„Die Totenkammer ist in der Mitte der Pyramide“, sagte Philipp und klemmte sich das Buch unter den Arm. Dann gingen sie tiefer in die Pyramide hinein.

Die Luft roch jetzt auch anders: abgestanden und schal.

„Iiiiiieeh!“ Ein unheimlicher Schrei hallte durch die Pyramide.

Aus dem Schatten kam eine weiße Gestalt. Sie kam direkt auf sie zu! Eine Mumie!

„Sie lebt!“, schrie Anne.

Zurück aus dem Totenreich

Philipp ließ das Buch fallen und zog Anne zu Boden.

Die weiße Gestalt hastete an ihnen vorüber und verschwand im Schatten.

„Eine Mumie“, flüsterte Anne, „… zurückgekehrt aus dem Totenreich!“

„Un… Unsinn“, stotterte Philipp, „Mumien sind nicht lebendig!“

Er griff zum Ägypten-Buch.

„Was ist denn das?“, fragte Anne.

Sie hob etwas vom Boden auf. „Das hat die Mumie verloren.“

Es war ein goldener Stab. Ungefähr dreißig Zentimeter lang. An einem Ende war ein geschnitzter Hundekopf.

„Sieht aus wie ein Zepter“, fand Philipp.

„Was ist denn ein Zepter?“, fragte Anne.

„Das ist dieses Ding, das Könige und Königinnen immer tragen“, erklärte Philipp. „Es bedeutet, dass sie Macht über das Volk haben.“

„Komm zurück, Mumie!“, schrie Anne. „Wir haben dein Zepter gefunden!“

„Pssst!“, machte Philipp. „Bist du verrückt?“

„Aber die Mumie –“

„Das war keine Mumie, sondern ein Mensch!“, sagte Philipp.

„Was sucht ein lebendiger Mensch in einer Pyramide?“, fragte Anne.

„Ich weiß auch nicht“, gab Philipp zu. „Vielleicht steht ja etwas in unserem Buch.“ Er blätterte und schließlich fand er ein Bild von einem Menschen in einer Pyramide. Er las vor:

Oft stahlen Grabräuber die Schätze, die mit den Mumien begraben wurden. Deshalb wurden manchmal falsche Gänge gebaut, um die Grabräuber aufzuhalten.

Philipp schlug das Buch zu. „Doch keine lebende Mumie“, sagte er. „Nur ein Grabräuber.“

„Oh! Und was ist, wenn der Räuber zurückkommt?“, fragte Anne. „Wir sollten lieber gehen!“

„Du hast recht“, stimmte Philipp ihr zu. „Aber erst will ich noch etwas notieren.“

Er steckte das Ägypten-Buch in seinen

Rucksack, nahm Notizbuch und Stift heraus und schrieb:

„Philipp! Schau!“, flüsterte Anne.

Philipp fühlte einen kühlen Luftzug. Er sah auf – und erschrak fürchterlich.

Eine Gestalt bewegte sich langsam auf sie zu. Aber es war kein Grabräuber.

Nein, es war eine wunderschöne Ägypterin.

Sie trug Blumen in ihrem schwarzen Haar. Das lange weiße Gewand fiel in unzähligen kleinen Falten und ihr goldener Schmuck glitzerte.

„Hier, Philipp“, flüsterte Anne. „Gib ihr das zurück.“

Sie reichte ihm das goldene Zepter.

Die schöne Dame blieb direkt vor ihnen stehen. Philipp reichte ihr den Stab. Seine Hände zitterten.

Dann schluckte er – denn das Zepter ging durch die Hand der schönen Dame hindurch. Sie bestand nur aus Luft!

Die Geisterkönigin

„Ein Geist!“, flüsterte Anne.

Die Geisterdame begann zu sprechen. Sie hatte eine hohle, hallende Stimme.

„Ich bin Hutepi“, sagte sie. „Königin des Nils. Ist es wahr, dass ihr gekommen seid, um mir zu helfen?“

„Ja!“, antwortete Anne.

„Seit eintausend Jahren warte ich auf Hilfe“, fuhr die Geisterkönigin fort.

Philipps Herz schlug so heftig, dass er fürchtete, er würde ohnmächtig werden.

„Jemand muss mein Totenbuch finden“, sagte sie. „Ich brauche es, damit ich in das nächste Leben eintreten kann.“

„Warum brauchen Sie dazu ein Totenbuch?“, fragte Anne. Sie schien überhaupt keine Angst zu haben.

„Darin stehen die Zaubersprüche, die ich dafür benötige“, sagte Hutepi. „Mein Bruder hat das Buch der Toten versteckt, damit Grabräuber es nicht stehlen können“, erklärte die Geisterkönigin. „Dann hat er diese Geheimbotschaft in die Wand meißeln lassen, damit ich weiß, wo ich es finden kann.“

Sie deutete auf die Wand.

„Was bedeuten diese winzigen Bilder?“, fragte Anne.

Die Geisterkönigin lächelte traurig.

„Leider hat mein Bruder nicht bedacht, dass ich diese seltsame Krankheit habe. Ich kann nicht klar erkennen, was dicht vor meinen Augen steht. Deshalb habe ich diese Botschaft seit tausend Jahren nicht entschlüsseln können.“

„Oh, das ist überhaupt keine seltsame Krankheit“, sagte Anne. „Philipp kann das auch nicht sehen. Deshalb trägt er eine Brille.“

Die Geisterkönigin starrte Philipp erstaunt an.

„Philipp, leih ihr doch mal deine Brille“, sagte Anne.

Philipp nahm seine Brille ab und reichte sie der Geisterkönigin.

„Ich fürchte, ich kann deine Brille nicht aufsetzen, Philipp“, sagte sie bedauernd. „Ich bestehe ja nur noch aus Luft.“

„Oh, das hatte ich vergessen“, murmelte Anne.

„Aber vielleicht könntet ihr mir die Hieroglyphen hier an der Wand ja beschreiben?“, schlug die Geisterkönigin vor.

„Hiero-was?“, fragte Anne.

„Hieroglyphen“, wiederholte Philipp, der endlich seine Sprache wiedergefunden hatte.

„So haben die alten Ägypter geschrieben. Es ist eine Schrift, die aus Bildern besteht.“

Die Geisterkönigin lächelte ihn an. „Danke, Philipp“, sagte sie.

Philipp lächelte zurück. Er setzte seine Brille wieder auf, dann trat er einen Schritt vor und betrachtete die Bilder an der Wand genauer.

„Wahnsinn!“, flüsterte er.

Die Schrift an der Wand

Philipp und Anne starrten an die Wand. Eine Reihe von kleinen Bildern war in den Stein gemeißelt.

„Hier sind vier Bilder", berichtete Philipp der Geisterkönigin.

„Beschreibe sie mir bitte, Philipp. Eins nach dem anderen", bat sie.

Philipp betrachtete das erste Bild.

„Okay“, sagte er. „Das erste sieht so aus.“ Er zeichnete mit seinem Finger eine Zickzacklinie in die Luft.

„Wie eine Treppe?“, fragte die Geisterkönigin.

„Ja, eine Treppe!“, rief Philipp.

Sie nickte.

Philipp sah sich das zweite Bild an.

„Bei dem zweiten ist eine längliche Kiste ganz unten“, sagte er und zeichnete sie in die Luft.

Die Geisterkönigin sah verwirrt aus.

„Und obendrauf schauen drei Dinger heraus. Ungefähr so“, erklärte Anne. Sie malte drei Wellenlinien in die Luft.

Die Geisterkönigin sah immer noch verdutzt aus.

„So ähnlich wie ein Hut“, sagte Philipp.

„Nein, eher wie ein Boot“, fand Anne.

„Ein Boot?“

Die Geisterkönigin lächelte.

„Natürlich!“, sagte sie.

Philipp und Anne kamen zum nächsten Bild.

„Das dritte Bild sieht aus wie dieses Ding, in das man Blumen stellt“, beschrieb Anne.

„Oder in das man Wasser füllt“, ergänzte Philipp.

„Wie ein Krug?“, fragte die Geisterkönigin.

„Genau!“, rief Philipp.

Philipp und Anne sahen sich das letzte Bild an.

„Und das letzte sieht aus wie ein gebogener Stock“, fand Anne.

„Aber eine Seite ist kürzer als die andere“, erklärte Philipp.

Die Geisterkönigin sah die Geschwister verständnislos an.

„Moment“, sagte Philipp. „Ich zeichne es in mein Notizbuch. Ganz groß, damit Sie es sehen können.“

Philipp legte das Zepter zur Seite, holte sein Notizbuch und den Stift heraus und zeichnete die Hieroglyphe.

„Das ist das Zeichen für ein gefaltetes Tuch“, sagte die Geisterkönigin.

„Ach so“, überlegte Philipp. Er sah sich die Hieroglyphe noch einmal an. Er konnte aber kein gefaltetes Tuch erkennen.

„So, das waren jetzt alle“, sagte Anne. „Treppe, Boot, Krug, gefaltetes Tuch.“

Philipp malte die Hieroglyphen in sein Notizbuch.

„Und was bedeutet diese Nachricht nun?“, fragte er die Geisterkönigin.

„Kommt“, erwiderte sie und streckte ihre Hand aus, „folgt mir in meine Totenkammer!“

Mit diesen Worten schwebte sie davon.

Die geheimnisvolle Schriftrolle

Philipp packte sein Notizbuch, den Stift und das Zepter in seinen Rucksack. Die Geschwister folgten der Geisterkönigin immer tiefer in die Pyramide, bis sie zu einigen Stufen kamen.

„Die Treppe!“, riefen Philipp und Anne.

Die Geisterkönigin schwebte die Stufen hinauf und durch eine hölzerne Tür hindurch. Philipp und Anne lehnten sich dagegen und langsam ging sie auf. Sie betraten einen kalten Raum.

Die Geisterkönigin war verschwunden.

Schwaches Fackellicht erhellte den riesigen Raum. Auf einer Seite standen Stühle, Tische und Musikinstrumente. Auf der anderen Seite befand sich ein kleines hölzernes Boot.

„Das Boot!“, rief Philipp.

„Was soll denn ein Boot in der Pyramide von Königin Hutepi?“, fragte Anne.

„Vielleicht soll es sie in das nächste Leben bringen?“, vermutete Philipp.

Die beiden gingen hinüber zu dem Boot und sahen hinein. Eine Menge Sachen lag darin: goldene Teller und Kelche, bemalte Becher, geflochtene Körbe, kleine hölzerne Figuren …

„Sieh mal!“, rief Philipp.

Er fasste in das Boot und hob einen Tonkrug heraus.

„Der Krug!“, rief Anne.

„Da steckt etwas drin!“, sagte Philipp aufgeregt.

Er schob eine Hand in den Krug.

„Fühlt sich an wie eine Serviette“, meinte er.

„Das gefaltete Tuch!“, rief Anne.

Philipp fasste in den Krug und zog das gefaltete Tuch heraus. Es war um eine Schriftrolle gehüllt, die sehr alt aussah.

Philipp rollte sie vorsichtig auseinander. Sie war voller Hieroglyphen!

„Das Buch der Toten!“, flüsterte Anne. „Wir haben es gefunden! Wir haben ihr Buch gefunden!“

„Oh Mann!“, sagte Philipp und fuhr mit einem Finger über die Schriftrolle. Es fühlte sich an wie uraltes Papier.

„Königin Hutepi!“, rief Anne. „Wir haben Ihr Buch der Toten gefunden!“

Stille.

„Königin Hutepi!“

Da ging auf der anderen Seite des Raumes knarrend eine Tür auf.

„Da!“, rief Anne, „vielleicht ist sie dort drinnen!“

Philipps Herz klopfte wieder schneller. Ein kalter Luftzug wehte durch die offene Tür.

„Los, komm!“, rief Anne.

„Warte –“

„Nein“, sagte Anne. „Sie hat tausend Jahre nach ihrem Buch gesucht. Lass sie nicht noch länger warten!“

Philipp steckte die alte Schriftrolle in seinen Rucksack. Dann durchquerten Anne und er den zugigen Raum. Durch die offene Tür gelangten sie in das andere Zimmer. Es war fast leer – außer einer länglichen goldenen Kiste. Der Deckel lag auf dem Boden.

„Königin Hutepi?“, rief Anne.

Stille.

„Wir haben Ihr Buch der Toten gefunden“, sagte Anne.

Die Geisterkönigin war nirgendwo zu sehen. Die goldene Kiste glühte.

Philipp hielt vor Aufregung die Luft an. „Lass uns die Schriftrolle einfach auf den Boden legen und gehen“, schlug er vor.

„Du musst keine Angst haben“, sagte Anne. „Komm schon!“

Gemeinsam gingen sie auf die goldene Kiste zu. Vor der Kiste blieben sie stehen und spähten hinein.

Hilfe für Königin Hutepi

„Eine echte Mumie!“, rief Anne. Sie trat noch ein Stück näher an den Sarkophag heran und betrachtete die Mumie.

Es war Hutepi, die Königin des Nils. Ihr Körper war von Kopf bis Fuß in Bandagen gewickelt. Anne rümpfte ein wenig die Nase: „Irgendwie riecht die Mumie seltsam“, sagte sie.

Philipp nahm das Ägypten-Buch und blätterte zu einem Bild von einer Mumie. Er las laut vor:

Die alten Ägypter versuchten, den Leichnam haltbar zu machen. Zuerst wurde er mit Salz ausgetrocknet.

„Uhh! Hör auf!“, rief Anne.

„Hör doch mal zu!“, sagte Philipp und las weiter:

Danach wurde der Leichnam in Öl gelegt. Anschließend umwickelte man ihn fest mit Bandagen. Das Gehirn entfernte man …

„Igitt! Hör auf!“, rief Anne. „Ich gehe!“ Sie lief aus dem Raum.

„Anne!“, schrie Philipp ihr hinterher. „Wir müssen ihr doch das Buch der Toten geben!“ Aber Anne war weg.

Philipp holte die Schriftrolle und das Zepter aus seinem Rucksack und legte sie neben die Mumie.

Bildete er sich das nur ein oder klang ein tiefer Seufzer durch den Raum?

Philipp lief, so schnell er konnte, davon: raus aus dem Mumienzimmer, raus aus dem Raum mit dem Boot und die Stufen hinunter.

Er schaute den Gang entlang. Er war leer.

„Anne!“, rief er. „Wo bist du?“

Keine Antwort. Wo in aller Welt war Anne?

War sie etwa schon aus der Pyramide gelaufen?

Philipp lief den Gang entlang. „Anne!“, rief er.

„Hilfe! Philipp!“ Annes Stimme klang ganz weit weg. Wo war sie nur?

„Anne!“ Philipp rannte den düsteren Gang entlang.

„Philipp, hilf mir!“

Philipp blieb stehen. Er entfernte sich ja von der Stimme.

Er ging zurück in Richtung Totenkammer.

„Philipp!“ Da! Jetzt klang ihre Stimme wieder lauter.

Philipp kletterte die Treppe wieder hinauf und ging zurück in den Raum mit dem Boot.

Er sah sich um. Dann bemerkte er die andere Tür. Sie war direkt neben der Tür, durch die er gerade gekommen war. Und sie war offen.

Philipp lief hindurch und stand am oberen Ende einer Treppe.

Sie sah genauso aus wie die Treppe in dem anderen Gang.

Er stieg die Treppe hinunter. Auch hier wurde der Gang von Fackeln erhellt.

„Anne!“, rief er wieder.

„Philipp!“

Anne lief ihm durch den Gang entgegen und stieß mit ihm zusammen.

„Ich hatte mich verirrt“, weinte sie.

„Ich vermute, das ist einer der falschen Gänge, die gebaut wurden, um Räuber in die Irre zu leiten“, meinte Philipp.

„Ein falscher Gang?“, fragte Anne und atmete heftig.

„Genau“, antwortete Philipp. „Er sieht genauso aus wie der richtige Gang. Wir müssen einfach in den Boots-Raum zurückgehen und von dort aus die richtige Tür nehmen.“

In diesem Augenblick hörten sie ein knarrendes Geräusch.

Philipp und Anne drehten sich erschrocken um. Sie blickten die Treppe hinauf.

Dann beobachteten sie entsetzt, wie sich die Tür langsam schloss. Ein tiefes Grollen kam aus der Ferne. Jetzt gingen alle Fackeln aus.

Retter auf vier Pfoten

Es war stockdunkel.

„Was war das?“, fragte Anne.

„Ich weiß auch nicht“, antwortete Philipp. „Wir müssen hier ganz schnell raus. Lass uns die Tür wieder aufdrücken!“

„Gute Idee“, sagte Anne mit ängstlicher Stimme.

Sie tasteten sich in der Dunkelheit die Stufen hinauf.

„Keine Angst, es wird bestimmt alles wieder gut“, sagte Philipp. Er versuchte, ganz ruhig zu bleiben.

Die beiden lehnten sich gegen die hölzerne Tür und drückten dagegen. Die Tür bewegte sich nicht.

Philipp war ganz außer Atem und zitterte am ganzen Körper.

„Was sollen wir jetzt machen?“, fragte Anne.

Philipp versuchte mit klopfendem Herzen, in der Dunkelheit etwas zu erkennen.

„Vielleicht sollten wir den Gang entlanggehen“, schlug er vor. „Vielleicht kommen wir ja irgendwann doch zu einem Ausgang?“ Er glaubte das selbst nicht richtig. Aber sie hatten gar keine andere Wahl.

„Komm!“, sagte er. „Immer der Wand folgen.“

Philipp tastete sich an der Steinmauer entlang und stieg langsam die Stufen wieder hinunter. Anne folgte ihm. Philipp ging den dunklen Gang weiter. Es war unmöglich, irgendetwas zu sehen.

Aber er machte einen Schritt nach dem anderen und tastete sich mit den Händen an der Wand entlang.

Er kam zu einer Treppe und ging hinauf.

Dort war eine weitere Tür. Er drückte dagegen. Anne half ihm, doch die Tür bewegte sich nicht. War das etwa die Tür, von der sie weggegangen waren?

Es hatte keinen Zweck. Sie waren gefangen. Anne suchte in der Dunkelheit nach Philipps Hand und drückte sie.

Sie standen zusammen oben auf der Treppe und lauschten in die Stille.

„Miau!“

„Sie ist wieder da!“, wisperte Anne.

„Lauf ihr nach!“, rief Philipp. „Sie geht wieder weg!“

Sie liefen den dunklen Gang entlang, immer dem Miauen der Katze hinterher. So stolperten sie durch die Dunkelheit.

Schließlich sahen sie ein Licht am Ende des Tunnels. Sie rannten darauf zu und hinaus in das helle Sonnenlicht.

„Juhu!“, schrie Anne. „Sieh doch!“ Anne zeigte nach vorne. Die Katze sprang durch den Sand davon.

„Danke schön!“, rief Anne.

Die Katze winkte mit ihrem schwarzen Schwanz.

Dann verschwand sie in der flimmernden Hitze.

Philipp blickte zu den Palmen hinüber.

Hoch oben in der einen sah er immer noch das Baumhaus.

„Zeit, nach Hause zu gehen!“, meinte Philipp.

Die beiden machten sich auf den Weg zu den Palmen. Es war eine lange, heiße Strecke zurück. Schließlich packte Anne die Strickleiter. Dann Philipp.

Sobald sie oben im Baumhaus waren, griff Philipp sofort nach dem Buch über Pennsylvania. Da hörten sie wieder das polternde Geräusch, das sie kurz zuvor in der Pyramide schon gehört hatten.

„Schau nur!“, rief Anne und deutete aus dem Fenster.

Philipp sah nach draußen. Neben der Pyramide fuhr ein Boot. Es glitt über den Sand, als wenn es übers Meer fahren würde. Dann verschwand es in der Ferne.

War das auch wieder eine Fata Morgana? Oder war es die Geisterkönigin, die endlich auf dem Weg in das nächste Leben war?

„Ich will heim, Philipp“, flüsterte Anne.

Philipp schlug das Pennsylvania-Buch auf. Er deutete auf das Bild von Pepper Hill.

„Ich wünschte, wir wären wieder zu Hause“, sagte er.

Ein Wind erhob sich. Die Blätter fingen an zu zittern.

Der Wind wurde stärker und pfiff immer lauter.

Das Baumhaus begann sich zu drehen. Es drehte sich schneller und immer schneller.

Dann war alles still. Totenstill.

Der geheimnisvolle „M“

Die Sonne schien durch das Fenster des Baumhauses.

Es war später Vormittag.

„Was Mama wohl zum Mittagessen macht?“, fragte Anne.

Sie sah aus dem Fenster.

„Ich hoffe, es gibt Brote mit Erdnussbutter und Marmelade“, sagte Philipp.

„Philipp! Guck mal!“, rief Anne.

Anne deutete auf den Holzfußboden.

„Was ist denn?“, fragte er.

Er stellte sich neben Anne und starrte auf den Boden. Aber er sah nichts.

„Dreh den Kopf ein wenig“, wies Anne ihn an. „Das Licht muss genau drauffallen.“

Als Philipp den Kopf ein bisschen schräger legte, wurde ein Buchstabe erkennbar: der Buchstabe „M“. Er schimmerte im Sonnenlicht.

Das bewies, dass das Baumhaus wirklich diesem „M“ gehörte.

Ganz sicher. Darüber gab es überhaupt keine Zweifel.

Philipp berührte das M mit dem Finger. Seine Haut kribbelte.

In diesem Augenblick fingen die Blätter wieder an zu rauschen. Der Wind wurde stärker.

„Lass uns jetzt lieber rausgehen“, sagte Philipp.

Er packte seinen Rucksack und dann kletterten die Geschwister die Strickleiter nach unten. Als sie unten auf der Erde standen, hörte Philipp ein Rascheln im Gebüsch.

„Wer ist da?“, rief er.

Es wurde ganz still im Wald.

„Ich werde das Medaillon bald zurückbringen“, sagte Philipp laut. „Das Lesezeichen auch. Beides. Morgen!“

„Mit wem redest du da eigentlich?“, fragte Anne.

„Ich habe das Gefühl, dass ‚M‘ ganz in der Nähe ist!“, flüsterte Philipp.

Anne bekam ganz große Augen. „Sollen wir ihn suchen?“, flüsterte sie.

Aber in dem Augenblick rief ihre Mutter: „Phi-lipp! An-ne!“

Philipp und Anne ließen ihren Blick über die Büsche schweifen, dann sahen sie sich an.

„Morgen!“, sagten sie gleichzeitig.

Sie liefen zusammen los – heraus aus dem Wald.

Sie rannten die Straße entlang, über den Hof und ins Haus.

Sie rannten in die Küche und direkt zu ihrer Mutter, die gerade Brote mit Erdnussbutter und Marmelade machte.

Mary Pope Osborne lernte schon als Kind viele Länder kennen. Mit ihrer Familie lebte sie in Österreich, Oklahoma, Florida und anderswo in Amerika. Nach ihrem Studium zog es sie wieder in die Ferne und sie reiste viele Monate durch Asien. Schließlich begann sie zu schreiben und ist damit außerordentlich erfolgreich.
Bis heute sind schon über fünfzig Bücher von Mary Pope Osborne erschienen. Das magische Baumhaus ist in den USA und in Deutschland eine der beliebtesten Kinderbuchreihen.

Jutta Knipping, geboren 1968, hat erst eine Ausbildung zur Druckvorlagenherstellerin absolviert, bevor sie in Münster Visuelle Kommunikation studierte.
Schon während ihres Studiums hat sie erste Bücher illustriert. Mittlerweile ist sie freiberuflich als Grafikdesignerin und Illustratorin tätig. Jutta Knipping lebt mit ihrem Mann und zwei Kindern in der Nähe von Osnabrück und lässt sich von ihren Katern Leo und Micki gern bei der Arbeit zugucken.

Band 39
ISBN 978-3-7432-1946-5

Band 40
ISBN 978-3-7432-1947-2

Band 41
ISBN 978-3-7432-1948-9

Band 42
ISBN 978-3-7432-2301-1

Loewe
Das will ich lesen!